LE DIPLOMATE

Communication faite à la Société de Sociologie de Paris

dans sa séance du 8 décembre 1909

PAR

M. D'ESTOURNELLES DE CONSTANT,

Sénateur, Membre de la Cour de la Haye.

————

(Extrait de la *Revue Internationale de Sociologie*).

————

PARIS, V°

V. GIARD & E. BRIÈRE

LIBRAIRES-ÉDITEURS

16, Rue Soufflot et Rue Toullier, 12

—

1910

LE DIPLOMATE

Communication faite à la Société de Sociologie de Paris

dans sa séance du 8 décembre 1909

PAR

M. D'ESTOURNELLES DE CONSTANT,

Sénateur, Membre de la Cour de la Haye.

———

(Extrait de la *Revue Internationale de Sociologie*).

———

PARIS, V^e

V. GIARD & E. BRIÈRE

LIBRAIRES-ÉDITEURS

16, Rue Soufflot et Rue Toullier, 12

1910

LE DIPLOMATE

Communication faite à la Société de Sociologie de Paris dans sa séance du 8 décembre 1909.

Dans votre dernière réunion, j'ai sommairement indiqué les motifs qui doivent, à mon sens, tempérer notre manie nationale de dénigrement, en ce qui concerne les parlementaires. J'ai montré que leur principale faiblesse n'était autre que notre naturelle incapacité de supporter la publicité de leurs discussions et de leurs luttes.

Le diplomate, dont vous m'avez prié de parler ce soir, semble mieux partagé que le parlementaire; il est moins exposé à nos critiques; nous ne sommes pas indulgents pour lui, pas plus que pour d'autres, cela va sans dire, mais nous l'ignorons; le parlementaire agit sur la scène; le diplomate au contraire disparaît dans la coulisse. Que fait-il? Que ne fait-il pas? Nous n'en savons rien et peu nous importe. Ne l'enviez pas cependant; à tout prendre, je me demande si le parlementaire n'est pas plus heureux que lui.

Le diplomate vit à l'étranger; voyager c'est un grand plaisir; vivre à l'étranger c'est tout autre chose. Nous ignorons ses difficultés, mais elles n'en existent pas moins; si discrètes que soient ses luttes, elles engagent sa responsabilité, son avenir; elles l'exposent à la dis-grâce plus souvent qu'au triomphe; que dis-je? tout triomphe, tout succès marqué lui est interdit. On ne peut parler que de ses échecs. Voyez-vous notre ambassadeur à Berlin ou à Londres triompher d'une victoire remportée par lui sur le Ministre des Affaires étrangères allemand ou anglais? Non, la condition même de son autorité c'est d'atténuer tout ce qui pourrait humilier ou indisposer le gouvernement et l'opinion de sa résidence. De sa modestie lui est-on du moins recon-naissant dans son propre pays? Pas toujours. Ses rapports sont ense-velis dans des oubliettes, enterrés vivants au fond des cartons; la malveillance des bureaux le guette et l'ingratitude des jaloux ou sim-plement l'indifférence des sceptiques; personne ou presque personne n'est au courant du bien qu'il fait. Est-il attaqué, en revanche? On ne lui donnera pas la permission de se défendre; des compatriotes grin-cheux lui reprocheront de ne pas prêter une oreille assez complaisante à leurs doléances; ils généraliseront en constatant que nos représentants ne servent à rien.

L'arriviste, en diplomatie, ne manque pas de prendre ses précautions contre ces dangers; de peur d'avoir les bureaux contre lui, il n'en sort pas; il y distribue lui-même l'avancement, en commençant naturellement par se servir; et, s'il est obligé de s'expatrier, comme c'est maintenant la bonne règle, il y laisse des amis qui feront son éloge, en son absence; discrète société d'assistance mutuelle dont le principe est celui-ci : « la véritable situation d'un diplomate à l'étranger n'étant pas connue dans son pays n'existe pas; l'essentiel est d'avoir des appuis chez soi et non ailleurs; tout effort pour conquérir à son pays des amis étrangers n'est donc que temps perdu, dépense inutile, excès de zèle ». Mais nous ne parlerons pas de l'arriviste qui finalement n'arrive à rien. Vous m'avez demandé de vous parler du diplomate et non de sa contrefaçon. Il est clair que le diplomate doit se préparer à n'être soutenu que par son ministre, à moins parfois que le ministre ne l'achève; j'en pourrais nommer parmi les meilleurs qui furent ainsi sacrifiés ou plutôt livrés à la presse chauvine dans les mauvais jours. Mais c'est l'exception; ne poussons pas les choses au noir; bornons-nous à ne pas nous faire d'illusions et constatons les faits : le diplomate, si dévoué soit-il, n'aura jamais une bonne presse; il n'est pas populaire; on ne lui élève pas de statues! Et c'est tout dire aujourd'hui; c'est même une distinction à son actif. Aura-t-il seulement un tombeau?

Là encore je n'exagère pas; la douce et consolante pensée de finir ses jours dans le calme; cet instinct si simple, animal, qui nous pousse à revenir mourir au gîte, le diplomate ne peut s'y abandonner. Plus que pour tout autre la vieillesse est souvent pour lui la solitude et l'abandon. Du jour où il n'a plus à distribuer d'invitations, quand il ne lui reste que ses souvenirs à raconter, la plupart des gens qui le recherchaient l'évitent; il n'a conservé dans son pays aucune attache professionnelle ou locale; pierre qui roule n'amasse pas mousse, il est devenu chez lui un étranger. C'est ainsi dans tous les pays. Combien ai-je vu se retirer à Paris de diplomates étrangers éminents mais déracinés! Pas de foyer de leur vivant, pas de retraite à leur déclin, pas de tombeau après leur mort; rien de durable et d'assuré, si ce n'est le jugement de l'histoire! C'est peu, surtout pour un homme qui sait comment l'histoire s'écrit.

Soyons donc indulgents pour les diplomates comme pour les parlementaires, et reconnaissons que, s'il se trouve parmi eux, comme partout ailleurs, des sots et des méchants, on y compte aussi de braves gens, des hommes excellents, bienfaisants, — ignorés, c'est inévitable, — mais pouvant être pour leur pays de véritables bons génies.

A la faveur de cette impartialité que je vous demande, je voudrais énumérer sommairement les qualités et les aptitudes que, dans tous les Etats du monde, doit réunir un diplomate pour qu'il rende de bons services à sa Patrie et fasse honneur à la « Carrière ».

Etre de son temps. — Je dirai d'abord qu'un diplomate doit commencer par être de son temps ; aujourd'hui surtout, au milieu des transformations incessantes que la science apporte au monde. Régler sa conduite sur les progrès de notre temps et sur les besoins de l'avenir, plus que sur les exemples du passé, là est l'essentiel devoir. M. de Talleyrand et M. de Metternich ont vécu ; leur résurrection est inadmissible, leur caricature insupportable.

Plus insupportable encore est la manie de certains soi-disant diplomates républicains français, lesquels croyant s'ouvrir ainsi les milieux « bien pensants », affectent de regretter les pures traditions d'autrefois. Beaucoup de ces traditions furent admirables, mais beaucoup d'autres aussi furent détestables et stupides. Je ne crois pas au machiavélisme de Machiavel ou, du moins, je fais mes réserves et j'incline à interpréter son plaidoyer comme un habile et prudent réquisitoire. Regretterons-nous au vingtième siècle, les traditions de la diplomatie du dix-huitième ? les intrigues, les complots d'un Cellamare, ambassadeur d'Espagne, conspirant en France contre le Régent, compromis au point de se faire arrêter et reconduire à la frontière, ses papiers saisis, exactement comme de nos jours Mgr Montagnini ?

Et que dire de cet ambassadeur de France en Angleterre, M. de Guerchy, dont, à Londres même, un autre représentant de la France avait pour mission de détruire quotidiennement le crédit ? Car nous avions à l'étranger l'ambassadeur du gouvernement et, en face de lui, contre lui, l'agent secret, le vrai représentant personnel du roi, souvent aussi celui de la reine ou plutôt de la favorite ou d'un ministre... Plusieurs politiques françaises, rivales et contradictoires, comme à Versailles, se combattaient là où tous nos efforts auraient dû se concentrer pour en faire triompher une seule ; plaintes, protestations, rien n'y faisait, tout au contraire ; si le véritable ambassadeur osait se plaindre des pièges, des avanies semées sur sa route, en pays ennemi, par des compatriotes, par des émissaires quasi-officiels, c'est donc qu'il avait besoin d'être surveillé ! Pendant quatorze ans, l'inoubliable Chevalier d'Eon fut maintenu à Londres à côté de l'ambassadeur, ouvertement, jusqu'au scandale ; l'équivoque poussée à tel point que nul ne savait auquel entendre et lequel croire ; c'était le secret du roi ! secret profond, le sexe même du Chevalier restant un mystère encore aujourd'hui discuté.

Les résultats de cette diplomatie, on les connaît ; c'était la diplomatie du pouvoir personnel poussée jusqu'à l'anarchie et jusqu'à l'absurde ; l'application intégrale de la formule : « L'Etat, c'est moi ». Le peuple n'existait pas, sinon à titre de canaille indéfiniment corvéable et de chair à canon ; le commerce était méprisé, comme le travail ; l'intérêt national, le droit commun n'étaient que des mots ; la soidisant raison d'Etat, le pouvoir personnel servi, trahi, interprété dans tous les sens, primaient tout, depuis Versailles jusqu'aux extrémités du royaume, jusqu'à l'étranger et aux colonies ; les douloureux conflits de Dupleix et de La Bourdonnais aux Indes sont, à peu près, contemporains des scènes de Londres ; mais Versailles était le centre de la décomposition. Il y avait à Berlin plus de discipline, plus de tenue, pour tomber, d'ailleurs, d'un excès dans l'autre : Frédéric le Grand, trouvant son ambassadeur à Londres trop mesuré dans ses démarches, le rappelait dûrement à ses devoirs et lui écrivait : « N'oubliez jamais, quand vous entrez chez le ministre des affaires étrangères, que vous avez derrière vous cent mille baïonnettes ».

En imposer ! telle était la règle plus ou moins ferme de la diplomatie, pour ne pas dire de l'imposture à cette époque. Quoi d'étonnant, dès lors, que l'opinion simpliste ait résumé ces traditions en disant : « Menteur comme un diplomate » et en acceptant comme paroles d'Evangile ces maximes gouvernementales : « La fin justifie les moyens » et « la parole a été donnée à l'homme pour déguiser sa pensée ». Nous ne regrettons pas, quant à nous, cet heureux temps ; avouons plutôt qu'il semble aujourd'hui puéril et ridicule, autant que lamentable. Car avant de tourner au tragique et de se dénouer dans le sang de quelque guerre de sept ans, ces querelles commençaient par d'extraordinaires comédies. Est-ce l'ambassadeur d'Autriche ou celui d'Espagne dont on m'a conté, jadis, la rencontre avec l'ambassadeur de France à La Haye ? Je ne me souviens que du fait, assez facile à vérifier. Toujours est-il que, sur ce champ de bataille diplomatique des Pays-Bas, on imagine aisément deux représentants des plus grandes monarchies de l'Europe en face l'un de l'autre, rivalisant d'intrigues, de pression, de « bluff », agitant l'un et l'autre à tout instant l'épouvantail de leurs cent mille baïonnettes. Pas une faiblesse n'était permise à ces représentants du souverain, sous peine de compromettre son prestige personnel et de payer cher une telle faute ; mieux valait, pour rester bien en cour, un excès de zèle et d'ostentation. Et c'est dans cet état d'esprit qu'un jour nos deux ambassadeurs rivaux se trouvèrent nez à nez, dans le même chemin, l'un se rendant chez le Ministre, l'autre en revenant. La rencontre eut lieu sur la promenade publique, sur le Voorhout qui subsiste encore aujourd'hui, dans cette étonnante et gracieuse petite capitale d'un autre âge. Alors les arbres plus rapprochés faisaient les allées plus étroites. Les deux carrosses diplomatiques, au vaste siège, étaient trop larges pour passer de front ; l'un devait s'effacer et laisser à l'autre la chaussée, le haut du pavé. Lequel des deux ambassadeurs consentirait à s'humilier ? Ni l'un, ni l'autre assurément, mais que faire ? Imperturbablement les deux cochers, face à face, arrêtent leurs chevaux : les chasseurs, les valets de pied se raidissent ; les deux ambassadeurs ne bougent pas ; chacun reste dans sa voiture et les deux voitures restent sur place. En vain la population accourt et s'ébahit à ce spectacle ; aucun des deux ne veut céder ; aucun des deux ne cèdera. Cependant le jour baisse, la nuit tombe, il faut en finir. A aucun prix un ambassadeur ne reculera ; chacun donne l'ordre à ses gens de dételer les chevaux et de les ramener en mains à l'écurie ; les deux carrosses continueront d'occuper leurs positions ; l'honneur sera sauf ; les deux ambassadeurs en réfèreront à leurs deux gouvernements ; à défaut de la diplomatie de deux Etats, la guerre de deux peuples dira lequel des deux ambassadeurs devait abdiquer devant son rival. J'ai souvent contemplé la gravure du temps qui conserve aux méditations de la postérité cette scène ; ne crions pas à l'invraisemblance ; il n'y a pas si longtemps que, dans certains pays, en Orient notamment, une scène de ce genre se serait répétée facilement ; elle s'y répéterait encore si on n'y prenait pas garde ; mais il est clair qu'un diplomate moderne n'osera plus s'en inspirer. La vieille diplomatie n'est aujourd'hui qu'un anachronisme, et un anachronisme qui finit mal, généralement.

Le diplomate moderne, je dirai plus, l'homme d'action moderne doit être simple ; il n'aura pas trop de toute sa sincérité pour remplir sa mission, plus haute et plus importante que jamais. On croit volontiers que le télégraphe, le téléphone, la presse, les informations de plus en plus rapides réduisent singulièrement les fonctions diplomatiques ; c'est une erreur. Le progrès multiplie les contacts entre les peuples et par conséquent les occasions et les sujets de conflits. Des antagonismes nouveaux, économiques ou autres, se substituent aux rivalités dynastiques. Un ambassadeur peut mal renseigner son gouvernement, mal comprendre, brouiller les cartes ; il peut prévenir ou précipiter une conflagration pour des motifs dont il s'exagère honnêtement l'importance ; j'ai vu la guerre sur le point d'éclater entre la France et l'Angleterre ; à propos de quoi ? du Siam. De part et d'autre, l'honneur national ne permettait alors à aucun des deux pays d'épargner le Siam ; l'honneur national exigeait que chacun d'eux se taillât sur le territoire siamois la zone d'influence la plus large ; et c'était là l'inévitable aboutissement de la politique coloniale d'il y a vingt ans et de toujours quand elle n'avait pas pour fondement primordial cet ensemble d'accords que nous poursuivons aujourd'hui, la conciliation, la paix métropolitaines. Pour se garder de la France, le Siam en appela à l'Angleterre, suivant la tactique classique. J'étais alors chargé de représenter la France à Londres. L'accord du Siam et de l'Angleterre contre nous, c'était la ruine de notre sécurité et de notre avenir en Indo-Chine. Le gouvernement français donna l'ordre à l'amiral Humann, qui commandait notre semblant d'escadre en Extrême-Orient, d'aller porter notre ultimatum à Bangkok.

Le Gouvernement anglais, aussitôt, donna l'ordre à son escadre du Pacifique, infiniment plus puissante et plus moderne, de rejoindre l'amiral Humann, et d'annuler par une contre-manifestation immédiate, notre ultimatum. C'était la guerre presque inévitable.

Heureusement la télégraphie sans fil n'existait pas encore ; les instructions de l'Amirauté ne purent toucher l'escadre anglaise en temps utile ; l'affaire s'arrangea, non sans laisser toutefois de graves ferments de ressentiment en Angleterre et sans contribuer par la suite à la revanche de Fachoda.

Sir Ed. Grey, le sous-secrétaire d'Etat de cette époque, aujourd'hui ministre, me parlait récemment de ces souvenirs de 1893 et il me disait avec sa droiture habituelle : « L'opinion ne comprendrait même plus « aujourd'hui une guerre à propos du Siam, elle ne pourrait concevoir « une telle folie, un tel crime ! »

« Et pourtant, ce crime nous avons failli le commettre » lui répondis-je.

Ainsi le diplomate de nos jours, autant et plus que l'ancien, peut faire beaucoup de bien ou beaucoup de mal. Il importe donc au plus haut point de le bien choisir. Comment le choisir ? Passons à son recrutement.

Le Recrutement. — Le recrutement de notre personnel diplomatique et consulaire se fait par en haut et par en bas, par le choix quant aux chefs et par le concours quant aux attachés. Par le concours, il est aujourd'hui plus sérieux qu'il ne l'a jamais été en France; le concours donne des éléments excellents quant au savoir. La valeur intellectuelle de nos jeunes diplomates et de nos consuls vaut largement, et souvent plus, celle des autres pays. Mais l'instruction n'est pas tout. Certains postes doivent être occupés par des hommes qui aient fait leurs preuves, par de hautes personnalités d'une valeur d'action éprouvée. Ces hautes personnalités doivent être prises dans la carrière, par sélection, parmi les meilleurs produits du concours et de l'expérience professionnelle, mais aussi, en dehors de la carrière, au Parlement, dans l'administration, dans la marine ou dans l'armée, dans les situations élevées où un homme a pu donner sa mesure et se faire juger, non seulement par ses aptitudes mais par son œuvre. C'est le recrutement par en haut.

On pourrait établir cette règle que les deux tiers des postes doivent être réservés à des agents de carrière, un tiers ou un quart confiés à des personnalités choisies parmi l'élite du pays.

Quel que soit le diplomate choisi, ne retombons pas dans les exigences puériles que j'ai signalées à propos du parlementaire; ne retombons pas dans notre manie de réclamer de lui une compétence universelle; je dirai plus, résignons-nous à son incompétence universelle; le vrai diplomate, comme le vrai parlementaire, s'instruit surtout dans l'action, de même que le général se forme à la tête d'une armée, l'amiral en commandant une flotte, etc. Je me défie de l'instruction diplomatique et professionnelle par les livres. Ce qu'on appelle le sot lettré ou l'imbécile de talent est de beaucoup le candidat le plus dangereux, le plus sûr de nous conduire à des sottises. Je réclame pour le diplomate de bonne volonté, le bénéfice d'une incompétence qui doit durer toute sa vie. On n'apprend pas à connaître un pays par les livres; on ne l'apprend pas non plus par le bavardage superficiel des salons. Chaque nouveau poste pour un diplomate exige une initiation nouvelle, une intuition et une étude personnelle. La vie que j'avais menée dans les provinces Balkaniques et en Grèce, si différente de celle de France, ne m'avait préparé en rien à mon séjour en Angleterre, en Tunisie, en Hollande. Partout des questions nouvelles surgissent : politique intérieure, finances, colonies; j'ai pâli à Londres sur la question de Terre-Neuve, sur celle d'Irlande, sur celle des sucres, des douanes, etc. Chaque convention politique ou commerciale ou juridique exige une étude spéciale. Cette étude, le diplomate doit être apte à l'entreprendre au fur et à mesure que l'occasion s'en présente, mais il ne faut pas lui demander de l'avoir faite par avance. En réalité, là comme ailleurs, la fonction vaut ce que vaut l'homme ; on dit qu'il n'y a pas d'homme indispensable, je pense, moi, tout le contraire ; il y a des hommes que l'on ne peut remplacer.

Le Caractère. — Quel que soit son recrutement, si le diplomate est bien choisi c'est l'essentiel ; peu m'importe son origine. Je le suppose suffisamment instruit, intelligent et non génial, car il ne doit pas trop se singulariser ; la qualité que je considère pour lui comme essentielle est le caractère. Sans caractère, sans fermeté, il manque d'autorité des deux côtés, dans son propre pays, et dans celui de sa résidence ; il faut qu'il puisse tenir tête, même et surtout à son propre gouvernement. Constamment le vrai ambassadeur est obligé de compromettre son avenir pour arrêter son pays dans une voie dangereuse. S'il cède, on lui en sait gré, une fois, deux fois tout au plus, mais à la longue on le méprise ; la disgrâce le guette quand même et c'est pour le coup qu'il finit en déraciné ou en parasite.

S'il a du caractère, la confiance peu à peu vient à lui, surtout s'il a bon caractère ; car il y a des gens qui s'imaginent que la fermeté est nécessairement revêche et maussade ; c'est tout le contraire ; le vrai courage, si distinct des forfanteries démodées, n'est qu'un attribut d'une bonne nature, et puisque j'ai prononcé ce mot, j'y insiste et je prétends que le meilleur ambassadeur n'est pas, comme on le croit vulgairement, le plus politique, le plus malin, le plus retors, c'est au contraire celui qui est au fond le plus honnête homme, le meilleur, dans toute l'acception du terme, c'est à celui-là, envers et contre tous, qu'appartient, dans tous les pays, le crédit, l'autorité, la considération. Quant à la camelotte des succès passagers, elle appartient à la camelotte des diplomates superficiels, si polis, si élégants soient-ils. Le parfait salueur est salué, mais considéré comme un zéro. Là comme ailleurs, connaître par le sentiment est le plus haut degré de connaissance; toutes les qualités de l'esprit, tous les raffinements de la forme ne valent pas l'élémentaire instinct du cœur.

Il en est du diplomate comme de tous nos produits nationaux ; c'est la bonne marque qui finit par triompher.

Pas trop d'esprit ! — Le diplomate qui n'aurait que des dehors, peu de fond et beaucoup d'esprit serait dangereux ; s'il a de l'esprit, qu'il n'en fasse aucun étalage ; les mots les plus célèbres de Voltaire perdraient la diplomatie toute entière et à juste titre, quelques-uns étant simplement stupides à la réflexion : « Quelques arpents de neige au Canada », voilà ce que Voltaire trouve pour dédaigner d'un mot les richesses incalculables que nous abandonnions au nouveau monde, ou bien « adieu, canards, canailles, canaux » pour remercier la Hollande de son hospitalité séculaire. Le diplomate n'a pas le droit d'être méchant, sa conversation doit entourer de ouate, comme des objets fragiles, les sujets délicats qu'il traite ; ce n'est pas le trait, c'est le lien qu'on attend de lui, le tact, le sang-froid, l'esprit d'à-propos, la patience, toujours la bonne volonté ; et, si vous trouvez cela trop difficile, ne soyez pas diplomate ; rien ne vous y force.

Voulez-vous un joli exemple des leçons que la faiblesse délicate peut donner à la force ? En voici un pris sur le vif.

J'étais alors premier secrétaire et chargé d'affaires de France à La Haye, il y a de cela 25 ans bientôt ; le roi Guillaume III, père de la reine actuelle, offrait son dîner annuel au corps diplomatique ; nous étions là tous en uniforme, formant le cercle après le dîner, le roi passant successivement devant chacun de nous, adressant à chacun de nous plus ou moins longuement, plus ou moins courtoisement la parole. On sait que le roi Guillaume n'était pas toujours aimable ; il avait réservé ce jour-là une de ses explosions de mauvaise humeur à l'un de nous, le doux internonce du pape dont la situation n'était pas facile, dans ce pays plutôt protestant, et qui, par là même, eût mérité plus de ménagements.

D'une voix de stentor Sa Majesté versa sur le modeste personnage une avalanche d'imprécations. Nous étions muets, le nonce était muet, seul le souverain s'échauffait à l'exécuter ; un instant cependant il s'arrêta pour respirer ; alors, très modestement, le nonce relevant la tête demanda : « Sa Majesté la Reine se porte bien ? »

Interloqué, le roi subitement baissa de ton et changea de cible.

De la présence d'esprit, mais pas trop d'esprit, tel est le conseil qu'il faudrait donner aux diplomates. Pas trop d'esprit ! Mais rassurons-nous ; le danger qu'ils courent est limité ; ils vivent dans une atmosphère peu favorable au développement et même au simple exercice de l'esprit ; personne n'ayant le droit ni le courage de les contredire, parmi leurs interlocuteurs, dont beaucoup au reste ne peuvent qu'à moitié les comprendre à l'étranger ! Et ceci me rappelle une des grandes déceptions mais aussi un des grands enseignements de ma carrière. C'était au mois de septembre 1892, à l'ambassade de France à Londres ; j'avais pour instructions, comme tous les représentants de la

France, de célébrer solennellement le centenaire de la Révolution Française. Six semaines durant, je préparai mon discours, n'étant pas alors habitué à parler en public; finalement, je me tirai de cette laborieuse improvisation; quand j'arrivai aux derniers mots, soulagé d'un poids immense, je reçus avec joie les félicitations de mes compatriotes, mais, puis-je vous l'avouer? j'avais été sensible particulièrement aux marques d'approbation qui m'étaient venues d'une charmante auditrice assise au premier rang, inconnue d'ailleurs, mais toute rose et bleue, les yeux rayonnants de vie et d'intelligence; je me hâtai d'aller la remercier de son précieux encouragement; alors, rougissant jusqu'à la racine de ses cheveux blonds, elle me répondit avec émotion : « I do not speak french ».

Quelle déconvenue! Dès lors j'étais fixé sur la valeur de mon éloquence; plus tard j'ai compris qu'un diplomate, comme un prédicateur, est toujours approuvé quoi qu'il dise. A ce régime l'esprit s'éteint vite, quand il existe. A force de n'être jamais contredit on finit par hocher la tête et parler tout seul. Je suis convaincu qu'à égalité de talent, deux hommes de valeur entrant, l'un à la Chambre, l'autre dans la Diplomatie, c'est le parlementaire qui progresse intellectuellement. Nouvelle application de la règle qui m'est si chère : on se rouille plus vite qu'on ne s'use.

De la vertu ? — Mais je m'aventure sur des terrains brûlants. Vous avez bien tort de m'encourager, car une autre question se pose, et bien plus grave que celle de l'esprit : un diplomate doit-il avoir de la vertu ? Ne riez pas; c'est très sérieux. Un jour que j'adressais d'amicales remontrances sur ce chapitre à l'un de mes collègues les plus appréciés, il me répondit : ne me prêchez pas la vertu, « vous voulez donc que je n'aie aucune relation dans le monde ». Il exagérait, j'en conviens : mais je suis bien obligé de reconnaître qu'un diplomate qui étonnerait la société par sa vertu, n'aurait certainement pas le succès d'un homme aimable tenant maison ouverte, et invitant sans trop de rigueur les éléments les plus intéressants, les convives les plus agréables qu'il puisse réunir. Là encore le diplomate ne doit pas se singulariser.

Il est clair, d'autre part, qu'un ambassadeur marié ne concilie pas toujours facilement son devoir paternel et son devoir diplomatique.

Comment voulez-vous qu'un diplomate fasse bien élever ses enfants ? C'est presque impossible. Il ne peut les garder toujours à l'étranger. Doit-il s'en séparer? Autant de problèmes. Tout compte fait, je dirai pourtant qu'un bon père de famille, un honnête homme enfin, je le répète, sera plus apprécié comme ambassadeur à la longue qu'un sceptique. Il aura moins de relations superficielles et plus de relations profondes. La femme de l'ambassadeur et ses enfants eux-mêmes peuvent être les auxiliaires très puissants de son action par les sympathies qu'ils gagnent à sa mission et par conséquent à son pays. L'ambassade où se cache, dans le décor du palais officiel, un foyer, attire peut-être moins de visiteurs éphémères, mais elle conquiert de vrais amis.

La question d'argent. — Maintenant autre question : la question d'argent.

Un ambassadeur n'a pas le droit de vivre pauvrement; il est obligé de régler son train sur la moyenne du pays de sa résidence. Le luxe est tout à fait inutile, la ladrerie inadmissible; il y a des constatations que notre économie bourgeoise ne se résigne pas à accepter. S'il est vrai pourtant qu'un diplomate ne doit pas s'isoler ni se singulariser dans le pays de sa résidence, il est obligé d'avoir deux installations à l'étranger, l'une plus ou moins sommaire pour l'été, l'autre complète pour les autres saisons. D'autre part, il ne doit pas abandonner tout esprit de retour, par conséquent, toute installation dans son pays d'origine, sinon on lui reprochera d'être devenu un étranger; il garde donc, en général, un appartement à Paris, souvent encore une habitation en province. Je n'ai pas cessé, pour ma part, d'avoir quatre installations quand j'étais à Londres. Il faut recevoir, si l'on veut faire honnêtement son métier, recevoir à l'ambassade, recevoir à la campagne, recevoir à Paris; rien n'est plus coûteux; et c'est pourquoi dans les pays les plus aristocratiques, j'ai vu tant de diplomates, grands seigneurs mais peu fortunés, renoncer à se marier et se résigner, volontiers d'ailleurs, au rôle décoratif de pique-assiette.

Les démocraties française, américaine ou autres, ne conçoivent pas qu'un ambassadeur fasse de grosses dépenses, alors que ces dépenses sont inévitables, et cela est bien plus vrai encore pour les malheureux consuls. Le résultat est que, ne pouvant vivre sur le pied convenable et recevoir comme tout le monde, plusieurs d'entre eux prennent leur parti de ne pas recevoir du tout, et de mener obscurément l'existence la plus inutile. Le gouvernement pourrait aussi bien faire l'économie de leur poste.

Les langues. — Un diplomate doit-il parler les langues étrangères? Evidemment, mais là encore rien d'absolu. En Turquie, en Extrême-Orient, en Amérique on ignore tout si on ne parle pas plusieurs langues. Dans d'autres pays, en Europe, l'essentiel pour un Français est de bien parler le français, voilà ce que les étrangers lui demandent. Pendant huit ans à Londres j'ai mis mon point d'honneur à toujours parler français aux Anglais, alors même qu'ils m'auraient mieux compris parfois si je leur avais parlé leur langue. Ce fut souvent un sacrifice. Pourquoi l'ai-je fait? pour leur faire plaisir, tout simplement, et aussi parce qu'il me répugne de prendre une leçon avec des étrangers qui peuvent m'apprendre bien autre chose que leur langue. J'ai toujours considéré comme assez médiocre le Français qui s'obstine soit à faire étalage de son anglais auprès des Anglais, soit à le perfectionner, vanité ou économie. On a mieux à faire, quand on rencontre un homme intéressant, que de lui demander des leçons gratuites de grammaire, de prononciation ; pour cet exercice on prend un professeur ou on fréquente les Universités; je suis convaincu que les relations durables que j'ai conservées, en Angleterre comme ailleurs, je les dois surtout à l'horreur que j'ai toujours eue d'en abuser.

La Société. — Il en est des relations comme du reste; elles impliquent des sacrifices. Un diplomate ne peut ni dédaigner la société, ni chercher lourdement à s'en servir. Il doit la prendre pour ce qu'elle vaut, pénétrer au delà de la couche superficielle. Dans certains pays, cette couche superficielle laisse difficilement émerger les vrais hommes de valeur, ceux-là seuls pourtant que vous avez profit à connaitre. C'est dans ce sens que j'ai toujours dit : la société nous empêche de voir le pays. En Angleterre, j'ai vu Gladstone ridiculisé par la société. En Hollande, le jour où Mme d'Estournelles invita Mesdag à dîner à La Haye fut presque un scandale, il n'était pas de la société ; il en fut de même chez nous pour Gambetta, pendant un temps ; mais le diplomate qui passe outre, et sait discerner les véritables foyers de lumière et d'action intellectuels autour de lui, celui-là se fait de vrais amis ; celui-là conquiert une autorité solide ; et la société l'estime d'autant plus que, sans affecter de la blâmer, il ne lui a pas sacrifié son indépendance.

Inspirons confiance, même aux étrangers ; le diplomate qui n'a jamais trompé personne est à mon avis le plus fort de tous. Je ne sais si ce diplomate, hier, était rare, mais je crois qu'il sera le diplomate de demain ; on ne fait pas de bonnes affaires de notre temps, on ne fait pas de longues affaires, par la ruse ; on réussit une fois, deux fois, mais pas longtemps ; on est vite jugé et disqualifié. La diplomatie de la ruse et la diplomatie de la force ont vécu. Une diplomatie nouvelle surgit, que Léon Bourgeois a très justement appelée « La Diplomatie du Droit ». Celle-là n'était rien jadis, elle est désormais l'avenir. Oui, l'avenir appartient au diplomate de bonne volonté, à l'homme de cœur et de raison qui, pour l'honneur de son pays, répudiera les vieilles doctrines devenues caduques, de l'intrigue et de la violence, et se dévouera corps et âme à l'œuvre de la conciliation. Concilier, telle sera la mission du diplomate, concilier et prévenir, respecter le droit des autres pour pouvoir revendiquer à son profit le respect du droit.

Déjà, sous l'irrésistible pression de l'opinion que nous travaillons à instruire et à avertir, nous avons assisté dans ces dernières années à de grands progrès dans les mœurs internationales. Les diplomates n'échappent pas à la loi commune; ils évolueront comme tout le reste; ils obéiront au besoin général d'ordre et de sécurité qui domine de plus en plus les relations des peuples rapprochés. Je ne me suis jamais payé de paroles creuses. Je crois à l'action toute puissante du progrès, sur la diplomatie comme sur tout le reste. Le temps approche où il n'existera plus de diplomatie contre la vérité et contre le Droit.

REVUE INTERNATIONALE

DE

SOCIOLOGIE

PUBLIÉE TOUS LES MOIS, SOUS LA DIRECTION DE

RENÉ WORMS

Secrétaire-Général de l'Institut International de Sociologie
et de la Société de Sociologie de Paris.

AVEC LA COLLABORATION ET LE CONCOURS DE

Ch. Andler, Paris. — A. Asturaro, Gênes. — G. de Azcarate, Madrid. — A. Babeau, Troyes. — M. E. Ballesteros, Santiago. — P. Beauregard, Paris. — R. Bérenger, Paris. — M. Bernès, Paris. — J. Bertillon, Paris. — A. Bertrand, Lyon. — Léon Bourgeois, Paris. — L. Brentano, Munich. — F. Buisson, Paris. — Ad. Buylla, Oviedo. — Ed. Chavannes, Paris. — E. Cheysson, Paris. — R. Dalla Volta, Florence. — J. Dallemagne, Bruxelles. — G. De Greef, Bruxelles. — H. Denis, Bruxelles. — C. Dobrogeanu, Bucarest. — P. Dorado, Salamanque — M. Dufourmantelle, Paris. — L. Duguit, Bordeaux. — P. Duproix, Genève. — A. Espinas, Paris. — Fernand Faure, Paris. — E. Ferri, Rome. — G. Flamingo, Rome. — A. Fouillée, Menton. — A. de Foville, Paris. — R. Garofalo, Venise. — Ch. Gide, Paris. — F. Giner de los Rios, Madrid. — R. de la Grasserie, Nantes. — P. Grimanelli, Paris. — H. Hauser, Dijon. — Ed. Herriot, Lyon. — M. Kovalewsky, St-Pétersbourg. — F. Larnaude, Paris. — E. Levasseur, Paris. — A. Loria, Turin. — J. Loutchisky, Kiew. — John Lubbock, lord Avebury, Londres. — J. Mandello, Presbourg. — L. Manouvrier, Paris. — P. du Maroussem, Paris. — T. Masaryk, Prague. — Carl Menger, Vienne. — G. Monod, Paris. — F. S. Nitti, Naples. — J. Novicow, Odessa. — Ed. Perrier, Paris. — Ch. Pfister, Paris. — L. Philippe, Paris. — Ad. Posada, Madrid. — A. Raffalovich, Paris. — M. Revon, Paris. — Th. Ribot, Paris. — Ch. Richet, Paris. — E. de Roberty, Tver. — V. Rossel, Berne. — G. Schmoller, Berlin. — F. Schrader, Paris. — G. Simmel, Berlin. — C. N. Starcke, Copenhague. — L. Stein, Berne. — S. R. Steinmetz, Amsterdam. — F. Tœnnies, Kiel. — E. B. Tylor, Oxford. — E. Van der Rest, Bruxelles. — J. M. Vincent, Baltimore. — P. Vinogradow, Oxford. — Lester Ward, Providence. — E. Westermarck, Helsingfors. — Emile Worms, Rennes. — L. Wuarin, Genève.

Secrétaires de la Rédaction : Al. Lambert. — G.-L. Duprat. — E. Chauffard — R. Maunier.

DIX-HUITIÈME ANNÉE

V. GIARD & E. BRIÈRE, Éditeurs
16, RUE SOUFFLOT ET 12, RUE TOULLIER.
PARIS, 5e
1910